Impressum
Verlag: BABADADA GmbH, Nedderfeld 112 , 22529 Hamburg
Geschäftsführer / Verlagsleitung: Harald Hof
Druck: Books on Demand GmbH, In de Tarpen 42, 22848 Norderstedt

Imprint
Publisher: BABADADA GmbH, Nedderfeld 112 , 22529 Hamburg, Germany
Managing Director / Publishing direction: Harald Hof
Print: Books on Demand GmbH, In de Tarpen 42, 22848 Norderstedt

мактаб

學校

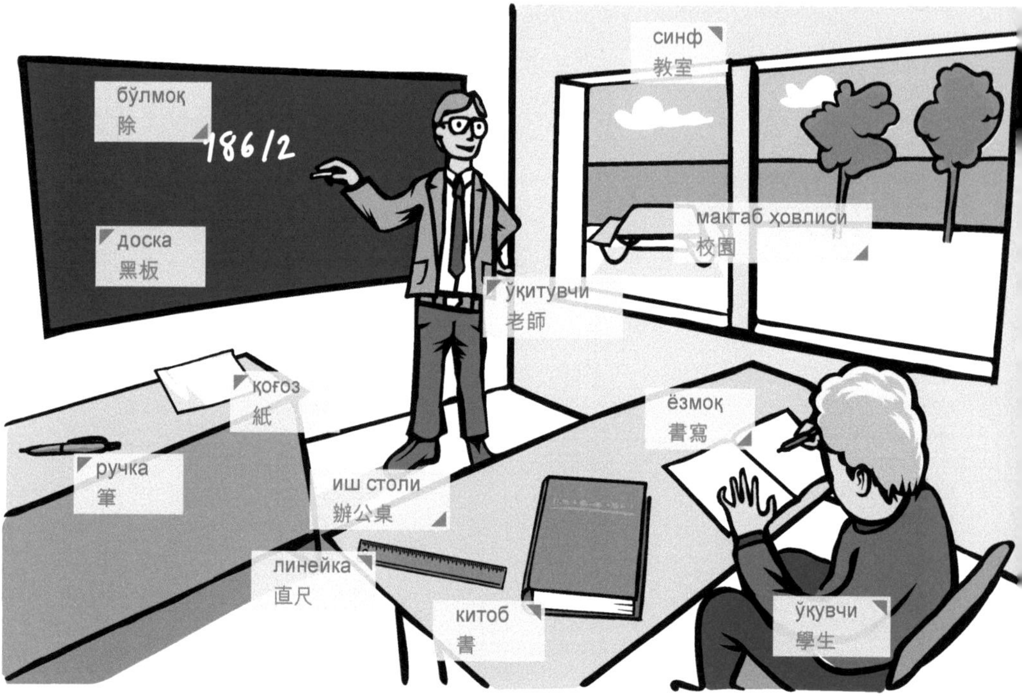

синф
教室
бўлмоқ
除
186/2
доска
黑板
мактаб ҳовлиси
校園
ўқитувчи
老師
қоғоз
紙
ёзмоқ
書寫
ручка
筆
иш столи
辦公桌
линейка
直尺
китоб
書
ўқувчи
學生

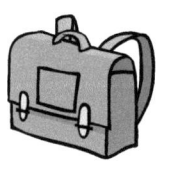

осма сумка

書包

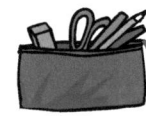

қаламдон

鉛筆盒

қалам

鉛筆

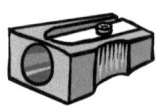

қалам учлагич

削鉛筆機

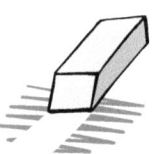

ўчиргич

橡皮擦

расм албоми

畫板

чизмачилик

圖畫

бўёқ чўтка

畫筆

бўёқдон

顏料盒

қайчи

剪刀

елим

膠水

машғулот дафтари

練習冊

уй иши

家庭作業

рақам

數字

2+2

қўшмоқ

加

5-2

айирмоқ

減

2×2

кўпайтирмоқ

乘

ҳисобламоқ

計算

A

хат

字母

ABCDEFG
HIJKLMN
OPQRSTU
VWXYZ

алифбо

字母表

hello

сўз

字

матн

課文

ўқимоқ

讀

бўр

粉筆

дарс

上課

журнал

登記

имтиҳон

考試

гувоҳнома

證書

мактаб формаси

校服

таълим

教育

қомус

百科全書

олийгоҳ

大學

микроскоп

顯微鏡

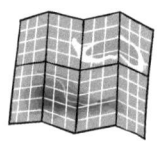

харита

地圖

урна

廢紙簍

саёҳат
旅行

меҳмонхона
飯店
Grand
сайёҳлар ётоқхонаси
青年旅社
ROOMS
EXCHANGE
пул айирбошлаш шаҳобчаси
外幣兌換處
чемодан
手提箱
машина
汽車

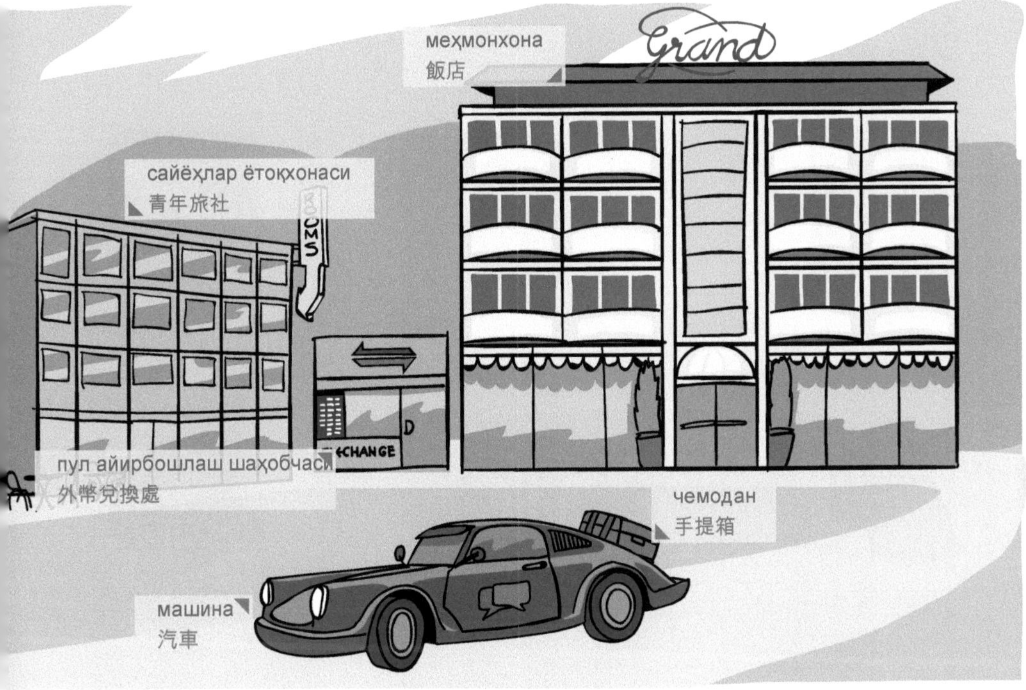

тил

語言

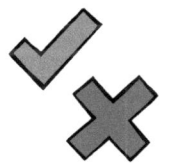

ҳа / йўқ

是/否

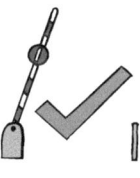

Хўп

好的

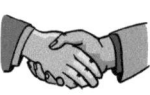

салом

您好

таржимон

翻譯人員

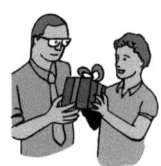

Раҳмат

謝謝

неча пул...?

……多少錢？

Тушунмадим

我不明白

муаммо

問題

Хайрли кеч!

晚上好！

Хайрли тонг!

早上好！

Хайрли тун!

晚安！

кўришгунча

再見

йўналиш

方向

йўловчи юки

行李

сафархалта

包

юк халта

背包

меҳмон

客人

хона

房間

уйқуқоп

睡袋

чодир

帳篷

саёхларга маълумот
бериш столи

旅行資訊

пляж

海灘

омонат карта

信用卡

нонушта

早餐

нонушта

午餐

кечки овқат

晚餐

чипта

票

лифт

電梯

марка

郵票

чегара

邊界

божхона

海關

элчихона

大使館

виза

簽證

паспорт

護照

транспорт
交通運送

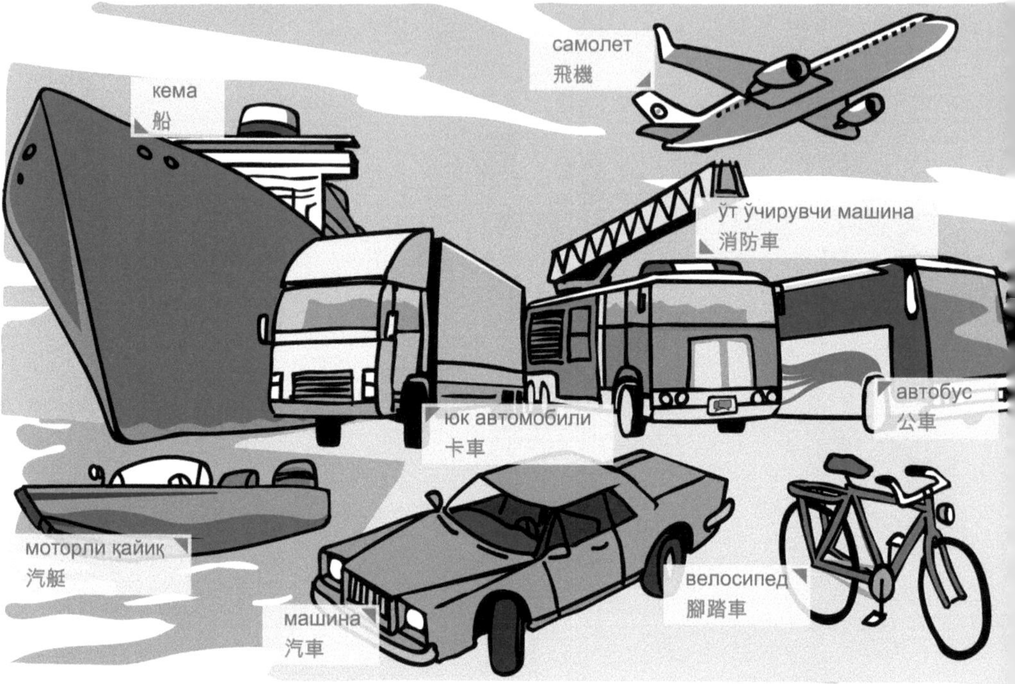
самолет
飛機
кема
船
ўт ўчирувчи машина
消防車
юк автомобили
卡車
автобус
公車
моторли қайиқ
汽艇
велосипед
腳踏車
машина
汽車

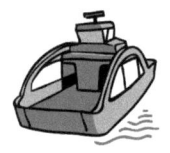

солсимон ясси кема

渡輪

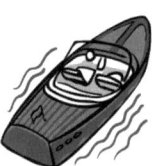

қайиқ

小船

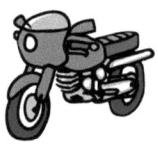

мотоцикл

機車

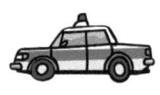

посбон машинаси

警車

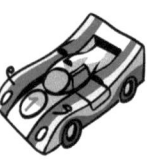

пойга машинаси

賽車

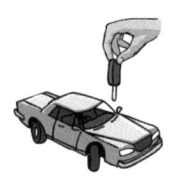

ижарага олинган автоулов

租車

автоижара

拼車

шатакка олувчи юк
автомобили

拖車

ахлат машинаси

垃圾車

мотор

馬達

ёқилғи

汽油

ёқилғи қуйиш шаҳобчаси

加油站

йўл белгиси

交通標識

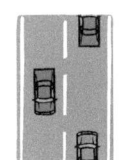

йўл ҳаракати

交通

тирбанд

交通堵塞

автомобил тўхтаб туриш
жойи

停車場

поезд бекати

火車站

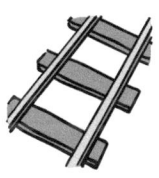

рельс

軌道

поезд

火車

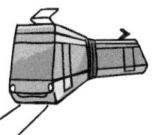

трамвай

路面電車

вагон

客車廂

вертолёт

直升機

аэропорт

機場

минора

塔

йўловчи

乘客

контейнер

集裝箱

қоғоз қути

紙板箱

аравача

手推車

сават

籃子

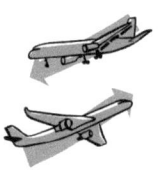

учмоқ / қўнмоқ

起飛/降落

шаҳар
城市

қишлоқ

村莊

шаҳар маркази

市中心

уй

房子

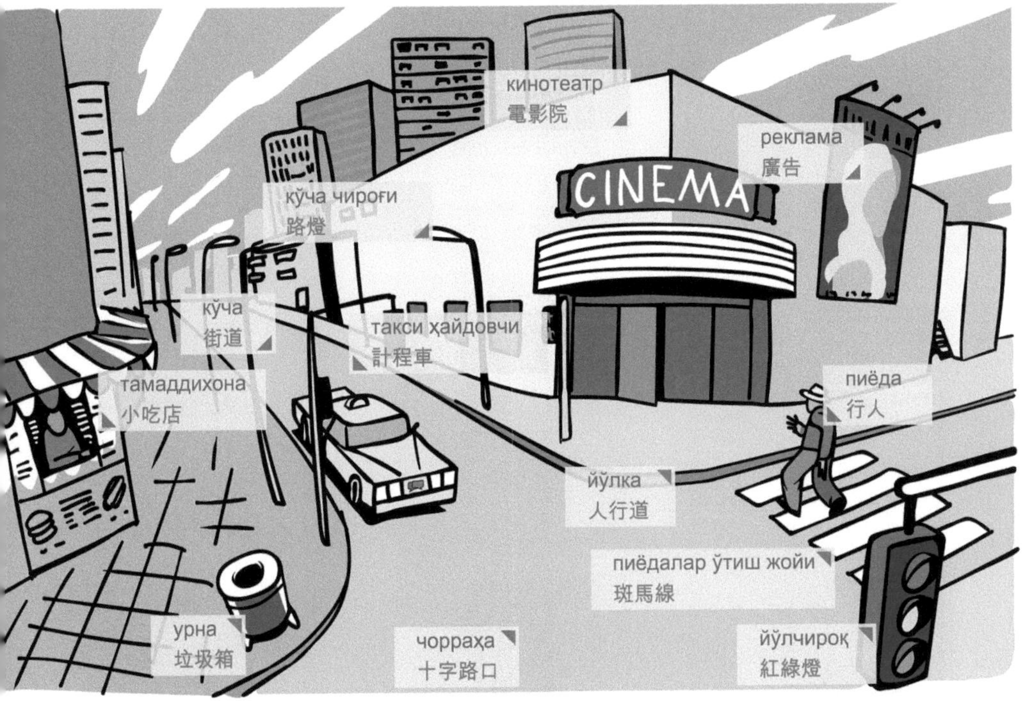
кинотеатр
電影院
реклама
廣告
CINEMA
кўча чироғи
路燈
кўча
街道
такси ҳайдовчи
計程車
тамаддихона
小吃店
пиёда
行人
йўлка
人行道
пиёдалар ўтиш жойи
斑馬線
урна
垃圾箱
чорраҳа
十字路口
йўлчироқ
紅綠燈

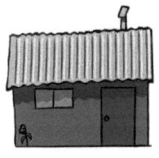

кулба

小屋

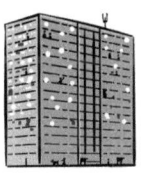

квартира

公寓

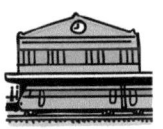

поезд бекати

火車站

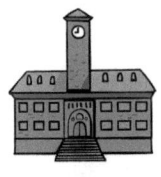

маҳаллий ҳокимият биноси

市政廳

MUSEUM

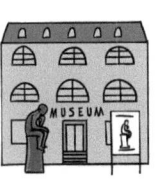

музей

博物館

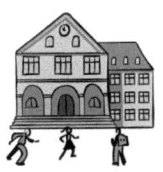

мактаб

學校

олийгоҳ

大學

банк

銀行

шифохона

醫院

меҳмонхона

飯店

дорихона

藥房

идора

辦公室

китоб дўкони

書店

дўкон

商店

гул дўкони

花店

супермаркет

超市

бозор

市場

универмаг

百貨商店

балиқ дўкони

魚店

савдо маркази

購物中心

бандаргоҳ

海港

истироҳат боғи

公園

банк

長凳

кўприк

橋

зинапоя

樓梯

метро

捷運

ер ости йўли

隧道

автобус бекати

公車站

бар

酒吧

ресторан

餐館

почта қутиси

郵筒

кўча ёзув осма тахтаси

路標

тўхтаб туриш вақтини
ҳисоблагич

停車計時器

ҳайвонот боғи

動物園

бассейн

游泳池

масжид

清真寺

чорвачилик хўжалиги
農場

атроф-муҳит
ифлосланиши
污染

қабристон
墓地

ибодатхона
教堂

болалар ўйингоҳи
操場

эҳром
寺廟

манзара
地形

япроқ
樹葉

йўлкўрсатгич
指示牌

йўл
路

ўтлоқ
草地

тош
石頭

дарахт
樹

пиёда сайёҳ
徒步旅行者

дарё
河

майса
草

гул
花

водий

峽谷

қир

丘陵

кўл

湖

ўрмон

森林

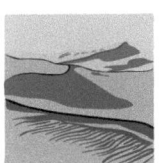

чўл

沙漠

вулкан

火山

қалъа

城堡

камалак

彩虹

қўзиқорин

蘑菇

пальма дарахти

棕櫚樹

пашша

蚊子

чивин

蒼蠅

чумоли

螞蟻

асалари

蜜蜂

ўргимчак

蜘蛛

қўнғиз

甲蟲

қурбақа

青蛙

олмахон

松鼠

типратикон

刺蝟

қуён

野兔

укки

貓頭鷹

қуш

鳥

оққуш

天鵝

эркак чўчқа

野豬

буғу

鹿

бутоқ шоҳли кийик

麋鹿

тўғон

水壩

шамол генератори

風力發電機

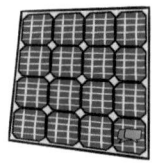

қуёш батареяси

太陽能電池板

иқлим

氣候

ресторан

餐館

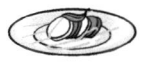

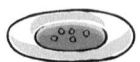

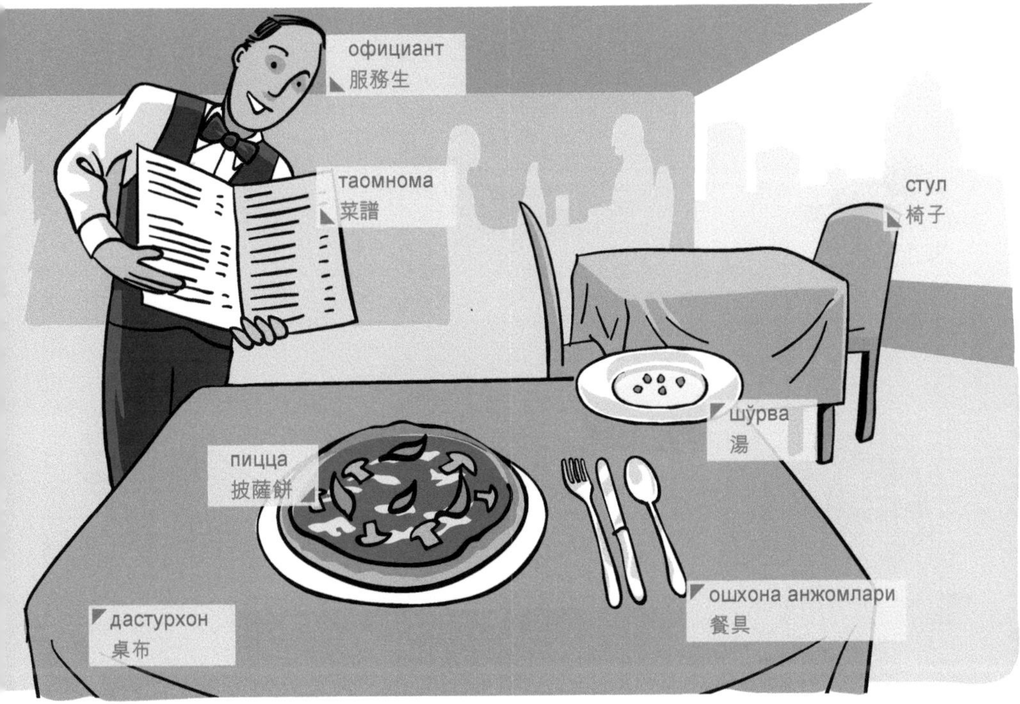

официант
服務生
таомнома
菜譜
стул
椅子
шўрва
湯
пицца
披薩餅
ошхона анжомлари
餐具
дастурхон
桌布

газак

前菜

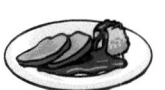

асосий таом

主菜

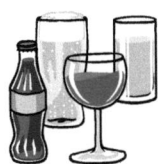

десерт

甜點

ичимликлар

飲料

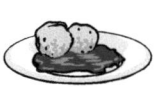

таом

食物

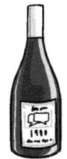

бутилка

瓶子

тез пишар таом

速食

кўча таоми

街邊小吃

чойнак

茶壺

шакардон

糖盒

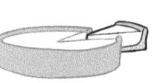

порция

一份飯菜

эспрессо кофе машинаси

義式咖啡機

болалар курсичаси

高腳椅

ҳисоб

帳單

лаган

托盤

пичоқ

刀

санчқи

餐叉

қошиқ

勺子

чой қошиқ

茶匙

кўл сочиқ

餐巾

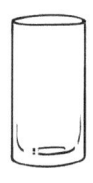

стакан

玻璃杯

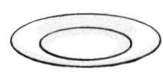

ликоп
碟子

шўрва коса
湯盤

тақсимча
碟子

қайла
醬

туздон
鹽瓶

қалампир янчгич
胡椒研磨罐

сирка
醋

ёғ
食用油

зираворлар
調味料

кетчуп
番茄醬

хантал
芥末

майонез
美乃滋

ресторан - 餐館

супермаркет
超市

чегирма
特價
FOR
мижоз
顧客
сут маҳсулотлари
乳製品
мева
水果
харид араваси
購物車

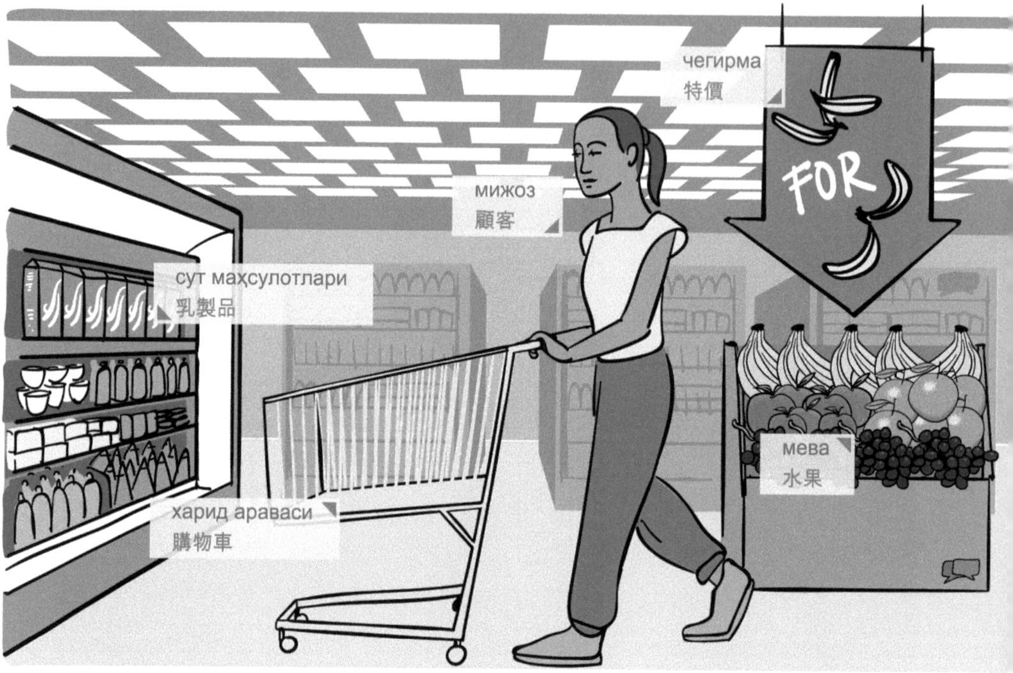

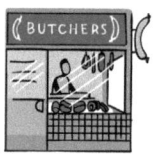

BUTCHERS

қассобхона

肉鋪

BAKERY

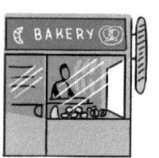

нонвойхона

麵包店

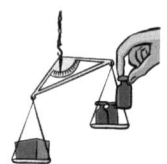

тарозида ўлчамоқ

稱重

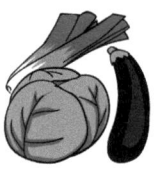

сабзавот

蔬菜

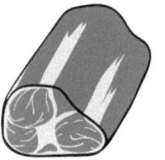

гўшт

肉

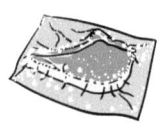

музлатилган таомлар

冷凍食品

яхна гўшт

冷盤

консерва

罐頭食品

кир ювиш воситаси

洗衣粉

ширинликлар

甜食

кундалик истеъмол моллар

日用品

ювиш воситалари

清潔用品

сотувчи

銷售員

касса аппарати

收銀機

ғазначи

收銀員

харид рўйхати

購物清單

иш вақти

開放時間

ҳамён

錢包

омонат карта

信用卡

халта

袋子

целлофан халта

塑膠袋

сув

水

шарбат

果汁

сут

牛奶

кока-кола

可樂

вино

紅酒

пиво

啤酒

спиртли ичимлик

酒

какао

可可

чой

茶

кофе

咖啡

эспрессо

義式濃縮咖啡

капучино

卡布奇諾

банан

香蕉

олмахон

蘋果

апельсин

柳丁

қовун

西瓜

лимон

檸檬

сабзи

胡蘿蔔

саримсоқ

大蒜

бамбук

竹子

пиёз

洋蔥

қўзиқорин

蘑菇

ёнғоқ

堅果

лағмон

麵條

спагетти

義大利麵

гуруч

米飯

салат

沙拉

картошка-фри

薯條

қовурилган картошка

炸馬鈴薯

пицца

披薩餅

гамбургер

漢堡

сэндвич

三明治

тўқмоқланган тўш қиймаси

炸豬排

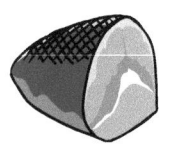

дудланган чўчқа гўшти

火腿

салями колбасаси

義大利臘腸

сосиска

香腸

товуқ гўшти

雞肉

қовурилган

烤肉

балиқ

魚

сули бўтқаси

燕麥片

мюсли

木斯里

маккажўхори ёрмаси

玉米片

ун

麵粉

француз булочкаси

牛角麵包

булочка

麵包捲

нон

麵包

қизартирилган нон бўлаги

吐司

пиширик

餅乾

сариёғ

奶油

творог

凝乳

пирог

蛋糕

тухум

蛋

қовурилган тухум

煎蛋

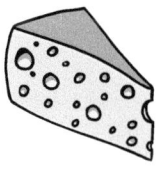

пишлоқ

起司

таом - 食物

музқаймоқ

冰淇淋

шакар

糖

асал

蜂蜜

мураббо

果醬

шоколад пастаси

巧克力醬

зарчава

咖哩

чорвачилик хўжалиги

農場

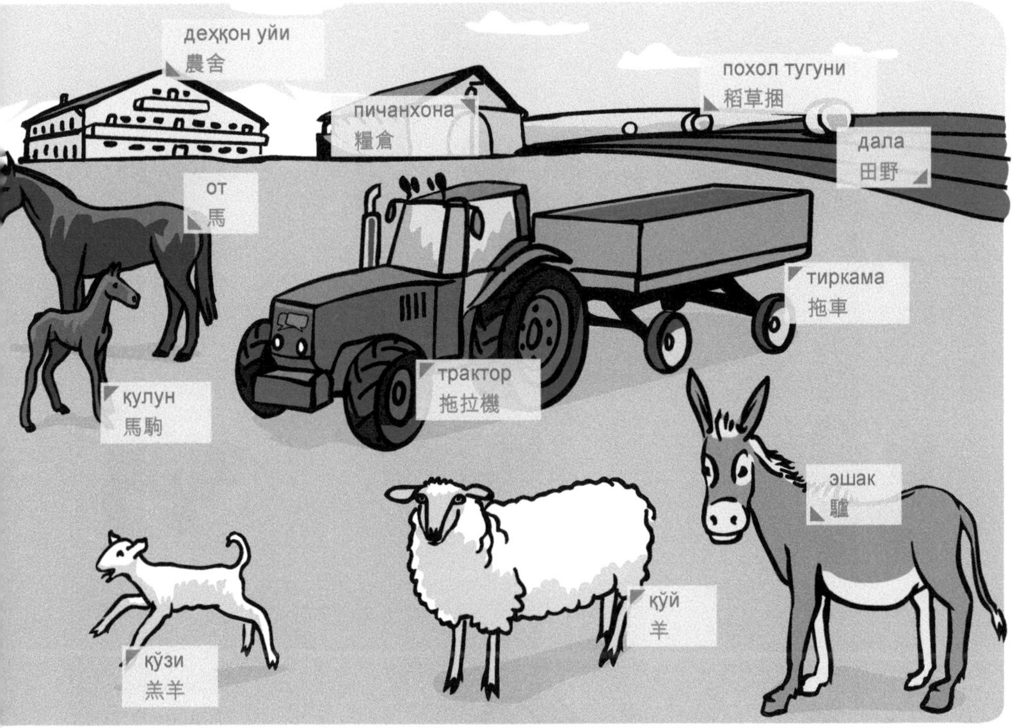
деҳқон уйи
農舍
пичанхона
糧倉
похол тугуни
稻草捆
дала
田野
от
馬
тиркама
拖車
трактор
拖拉機
қулун
馬駒
эшак
驢
қўй
羊
қўзи
羔羊

эчки

山羊

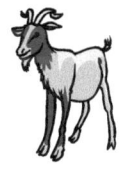

сигир

奶牛

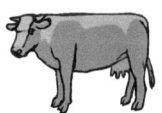

бузоқ

小牛

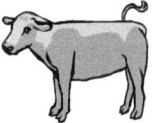

чўчқа

豬

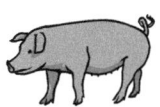

чўчқа боласи

小豬

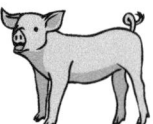

буқа

公牛

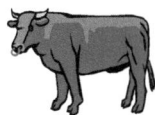

ғоз

鵝

ўрдак

鴨

жўжа

小雞

товуқ

母雞

хўроз

公雞

каламуш

鼠

мушук

貓

сичқон

老鼠

ҳўкиз

牛

ит

狗

каталак

狗屋

ҳовли боғ шланги

花園澆水軟管

гулчелак

澆水壺

белўроқ

長柄大鐮刀

темир омоч

犁

қўлўроқ

鐮刀

чопқи

鋤頭

паншаха

長柄草耙

болта

斧頭

ғалтакарава

獨輪手推車

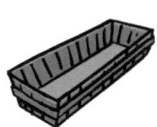

охур

飼料槽

сут бидони

牛奶罐

тўрва

麻布袋

панжара

柵欄

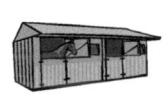

оғилхона

馬廄

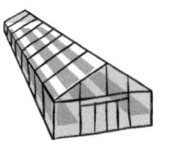

иссиқхона

溫室

тупроқ

土壤

уруғ

種子

ўғит

肥料

комбайн

聯合收割機

ҳосил олмоқ

收割

йиғим-терим

收割

ямс

地瓜

буғдой

小麥

соя

大豆

картошка

土豆

маккажўхори

玉米

рапс уруғи

油菜籽

мевали дарахт

果樹

маниок

樹薯

ёрма

穀物

уй
房子

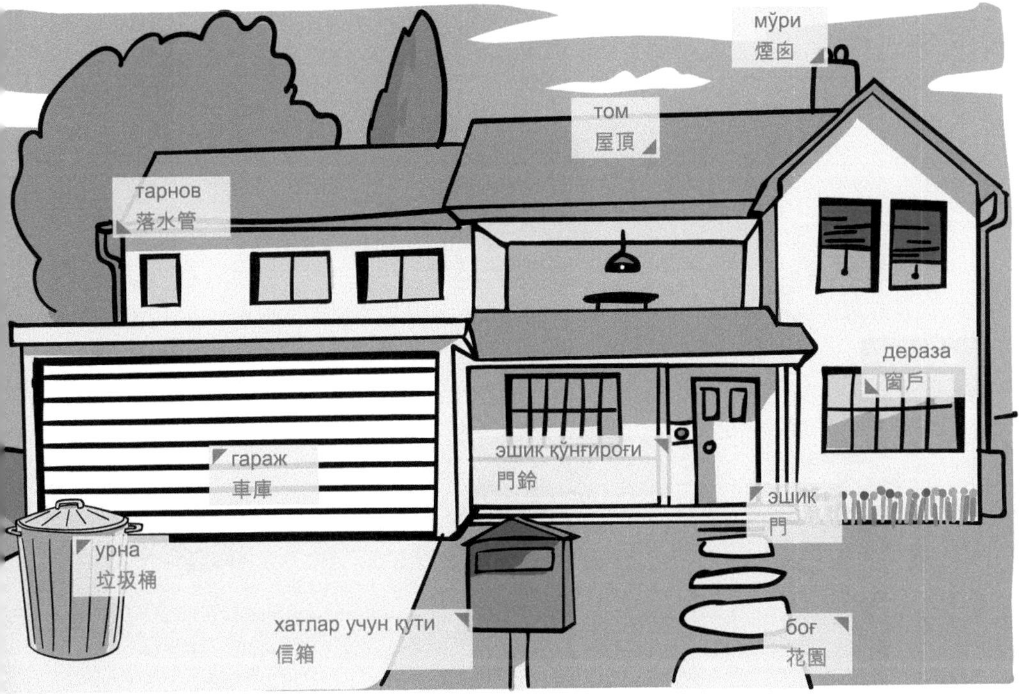

мўри
煙囪
том
屋頂
тарнов
落水管
дераза
窗戶
гараж
車庫
эшик қўнғироғи
門鈴
эшик
門
урна
垃圾桶
хатлар учун қути
信箱
боғ
花園

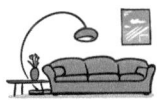

меҳмонхона

客廳

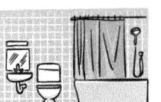

ваннахона

浴室

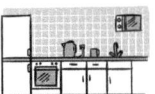

ошхона

廚房

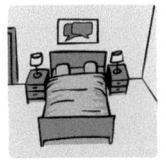

ётоқхона

臥室

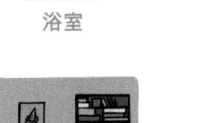

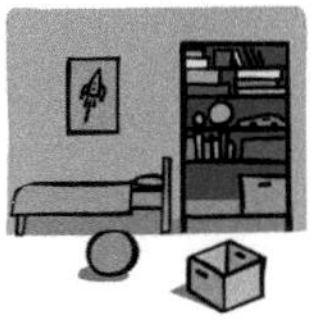

болалар хонаси

兒童房

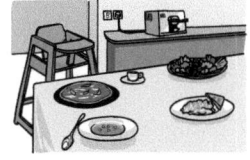

ошхона

餐廳

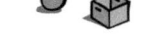

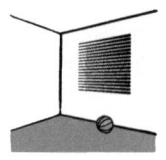

пол

地板

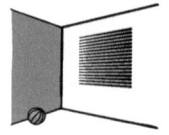

девор

牆壁

шип

天花板

подвал

地窖

сауна

三溫暖

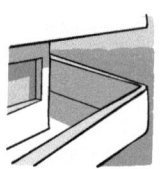

болохона айвони

陽臺

айвон

露臺

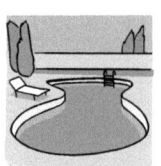

бассейн

游泳池

ўт ўргич машина

割草機

кўрпажилд

被單

чойшаб

床罩

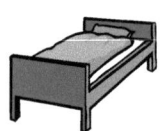

кроват

床

супурги

掃帚

пақир

水桶

мурват

開關

меҳмонхона

客廳

гулқоғоз
壁紙
сурат
相片
чироқ
檯燈
токча
擱架
жавон
櫥櫃
телевизор
電視
ўчоқ
壁爐
гул
花
ёстиқ
墊子
диван
沙發
гулдон
花瓶
масофадан бошқариш пульти
遙控器

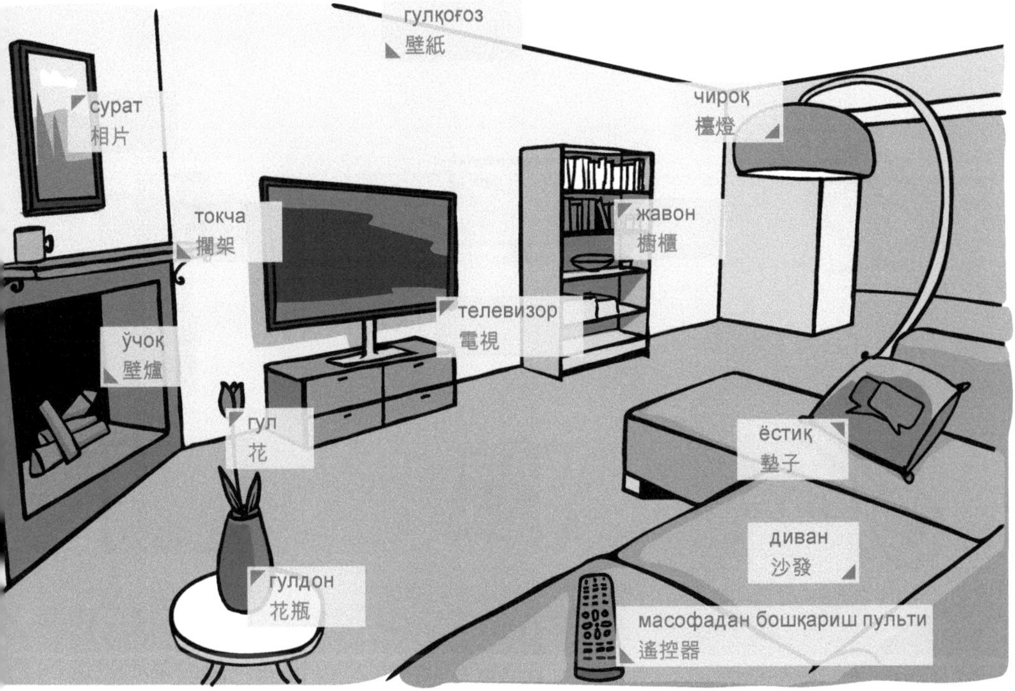

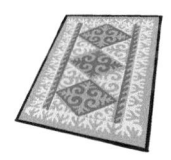

гилам
地毯

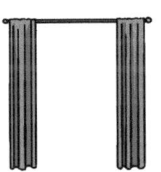

парда
窗簾

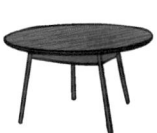

стол
餐桌

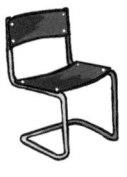

стул
椅子

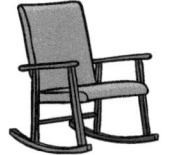

тебранма курси
搖椅

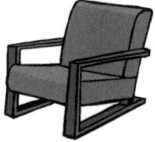

кресло
扶手椅

китоб

書

кўрпа

毯子

ҳашам

裝飾品

ўтин

木柴

кино

電影

стерео қурилма

高傳真音響

калит

鑰匙

рўзнома

報紙

расм

油畫

плакат

海報

радио

收音機

ён дафтар

筆記本

чанг ютгич

吸塵器

кактус

仙人掌

шам

蠟燭

ошхона

廚房

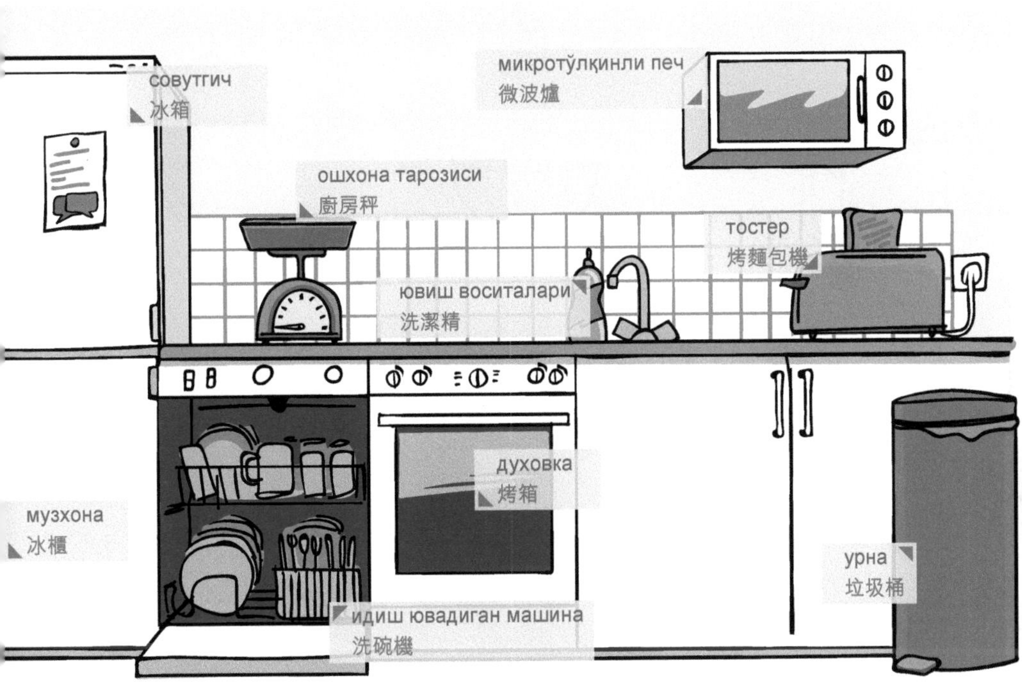

совутгич
冰箱
микротўлқинли печ
微波爐
ошхона тарозиси
廚房秤
тостер
烤麵包機
ювиш воситалари
洗潔精
духовка
烤箱
музхона
冰櫃
урна
垃圾桶
идиш ювадиган машина
洗碗機

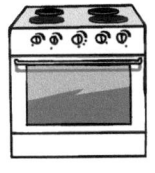

плита

炊具

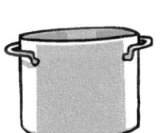

кастрюль

鍋

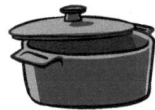

чўян қозон

鑄鐵鍋

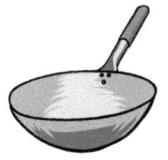

бўртма тубли това

炒鍋

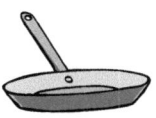

това

平底鍋

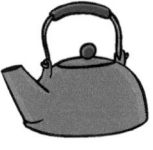

човгун

水壺

мантиқасқон

蒸鍋

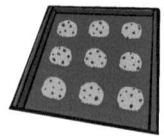

тунука това

烤盤

идиш

陶瓷鍋

кружка

馬克杯

коса

碗

таом ейиш таёқчалари

筷子

чўмич

長柄勺

куракча

鏟子

кўпиртиргич

攪拌器

элак

濾網

элак

篩子

қирғич

磨碎機

ҳовонча

研鉢

гриль

燒烤

олов

明火

оштахта

菜板

жува

擀麵杖

пармасимон тиқин очгич

開瓶器

консерва

罐子

консерва очгич

開罐器

тутгич

隔熱手套

унитаз

水槽

идиш чўтка

刷子

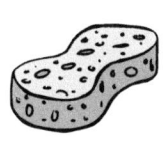

қозонсочиқ

海綿

қориштиргич

攪拌機

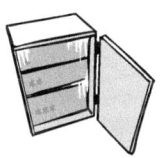

музлатгич

冷藏箱

сўрғичли чақалоқ
бутилкаси

奶瓶

кран

水龍頭

ваннахона

浴室

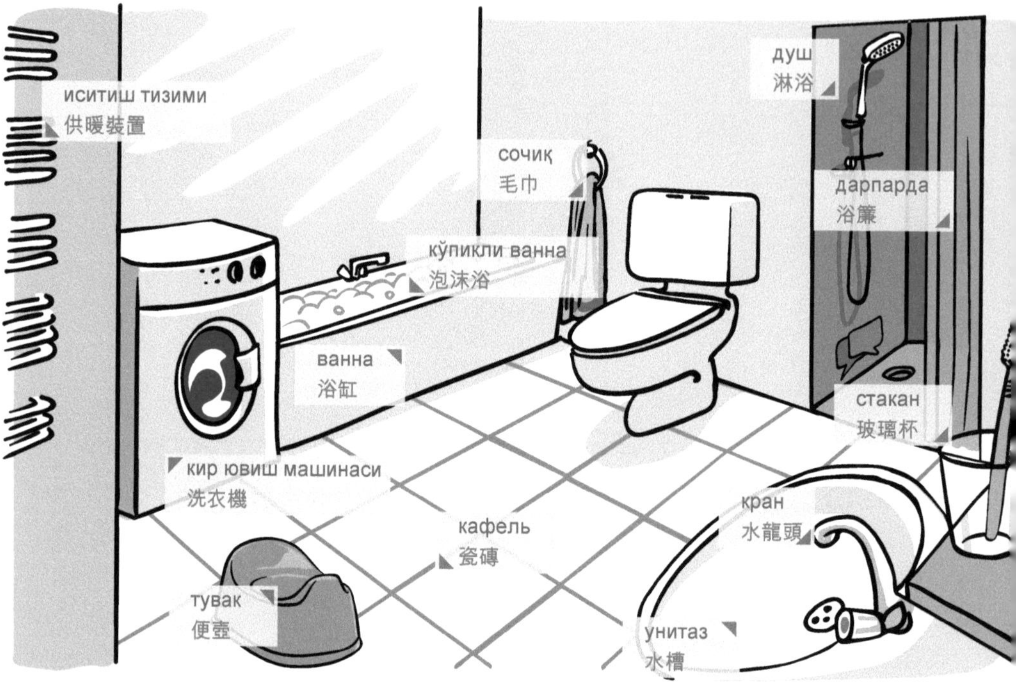

исситиш тизими
供暖裝置
душ
淋浴
сочиқ
毛巾
дарпарда
浴簾
кўпикли ванна
泡沫浴
ванна
浴缸
стакан
玻璃杯
кир ювиш машинаси
洗衣機
кран
水龍頭
кафель
瓷磚
тувак
便壺
унитаз
水槽

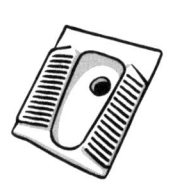

ҳожатхона

厕所

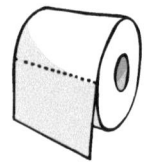

полга ўрнатиладиган унитаз

蹲便器

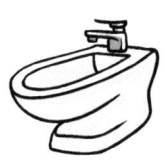

таҳоратдон

坐浴器

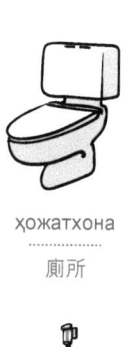

сийдик унитази

小便斗

ҳожатхона қоғози

厕紙

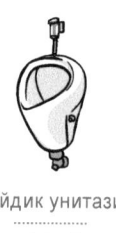

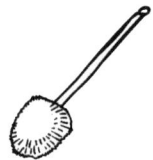

ҳожатхона чўткаси

馬桶刷

тиш чўтка

牙刷

тиш пастаси

牙膏

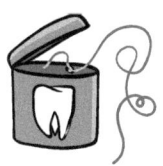

тиш тозалагич ип

牙線

ювмоқ

洗

дастакли душ

手持式蓮蓬頭

таҳорат учун душ

沖洗器

тоғора

洗臉盆

елка қашлайдиган чўтка

洗背刷

совун

肥皂

душ учун гель

沐浴露

шампунь

洗髮乳

мочалка

法蘭絨

қувур

排水

крем

乳霜

дезодарант

除臭劑

кӯзгу

鏡子

қӯл кӯзгуси

手鏡

устара

刮鬍刀

устара учун кӯпик

刮鬍泡沫

салқинлантирувчи
бальзам

鬚後水

тароқ

梳子

чӯтка

刷子

фен

吹風機

соч учун лак

噴髮定型劑

пардоз-андоз

化妝品

лаб учун помада

唇膏

тирноқ лаки

指甲油

пахта

化妝棉

тирноқ қайчиси

指甲剪

духи

香水

пардоз-андоз халтаси

洗漱包

курси

凳子

тарози

計重秤

чўмилиш халати

浴袍

резина қўлқоп

橡膠手套

тампон

衛生棉條

гигиеник таглик

衛生棉

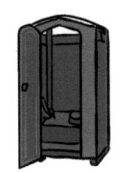

биохожатхона

化學廁所

болалар хонаси

兒童房

бонг соат
鬧鐘
юмшоқ ўйинчоқ
毛絨玩具
ўйинчоқ машина
玩具車
шақилдоқ
撥浪鼓
қўғирчоқ уй
玩具屋
совға
禮物

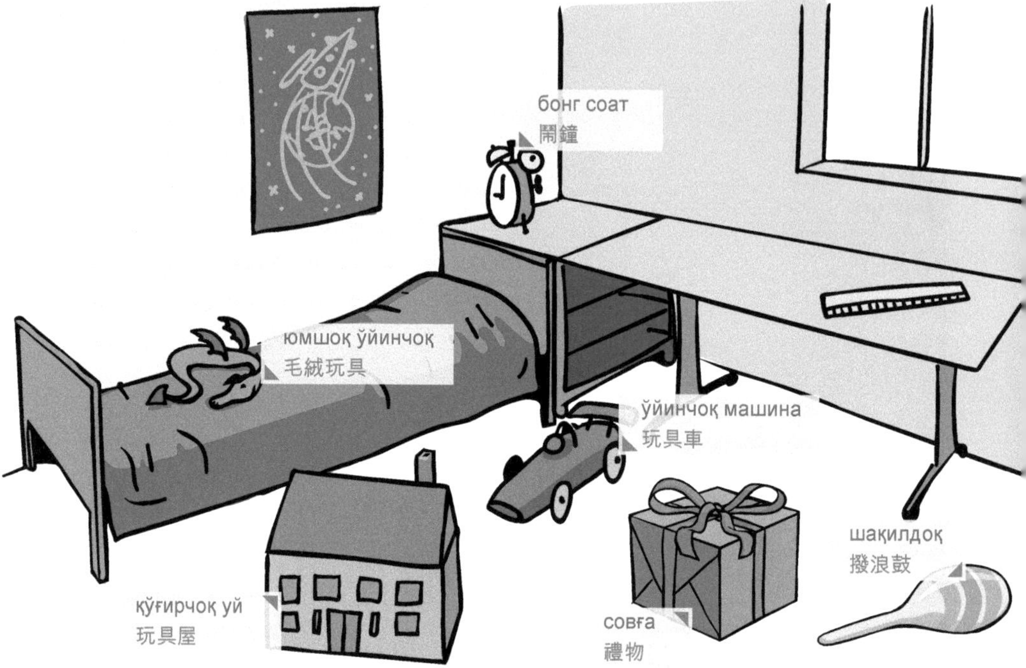

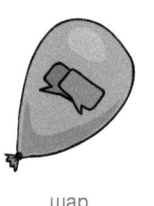

шар

氣球

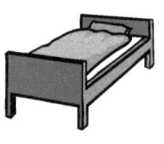

кроват

床

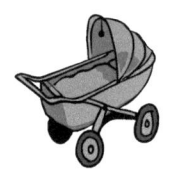

болалар аравачаси

嬰兒車

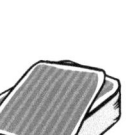

карта тўплами

撲克牌

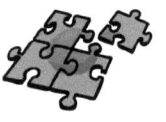

терма тасвир

拼圖

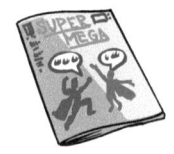

кулгили саҳна асари

漫畫

лего ғиштлари

樂高積木

ўйинчоқ кубиклар

積木玩具

ўйинчоқ қаҳрамон

公仔

ползунка

嬰兒服

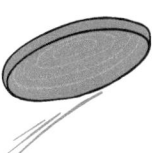

учар ликопча

飛盤

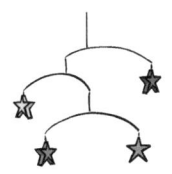

осма шақилдоқ

床鈴玩具

стол ўйини

棋盤遊戲

ошиқ

骰子

поезд макети

火車模型

сўрғич

安撫奶嘴

ўтириш

派對

расмли китоб

繪本

копток

球

қўғирчоқ

洋娃娃

ўйнамоқ

玩

кумдон

沙坑

арғимчоқ

鞦韆

ўйинчоқлар

玩具

ўйин приставкаси

電玩遊戲

уч ғилдиракли велосипед

三輪車

бахмал айиқ

泰迪熊

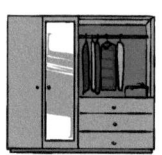

кийим шкафи

衣櫃

КИЙИМ

衣服

пайпоқ

襪子

чулки

長襪

колготка

緊身褲

шарф
圍巾

соябон
雨傘

футболка
T恤

камар
皮帶

ботинка
靴子

тапочка
拖鞋

кроссовка
運動鞋

шиппак
涼鞋

туфли
鞋

резина этик
雨靴

тор турсик
內褲

кўкракпеч
胸罩

майка
背心

кийим - 衣服

45

боди

身體

иштон

褲子

жинси

牛仔褲

юбка

短裙

кофта

女式襯衫

кўйлак

襯衫

жемпер

套頭衫

узун чакмон

連帽上衣

спорт бичимидаги пиджак

西裝夾克

куртка

夾克

пальто

外套

плаш

雨衣

либос

套裝

кўйлак

連衣裙

келин кўйлак

婚紗

костюм шим

西裝

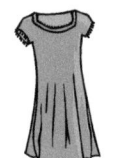

тунги кўйлак

睡袍

пижама

睡衣

сари

莎麗

шолрўмол

頭巾

салла

包頭巾

паранжи

波卡

чакмон

卡夫坦

абая

(阿拉伯式)長袍

чўмилиш костюми

泳衣

турсик

男式泳褲

шортик

短褲

спорт костюми

運動服

фартук

圍裙

қўлқоп

手套

тугма

鈕扣

кўзойнак

眼鏡

билагузук

手鏈

мунчоқ

項鍊

узук

戒指

сирға

耳環

кепка

便帽

пальто илгак

衣架

шляпа

帽子

бўйинбоғ

領帶

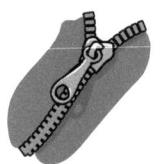

замок

拉鍊

дубулға

安全帽

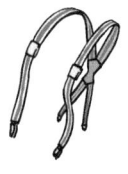

шим тортгич

背帶

мактаб формаси

校服

форма

制服

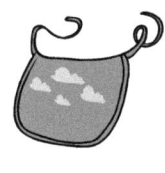

ошхўрак

圍兜

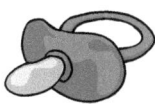

сўрғич

安撫奶嘴

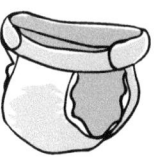

таглик

尿布

идора

辦公室

сервер
伺服器
қоғоз-ҳужжатлар шкафи
檔案櫃
принтер
印表機
қоғоз
紙
экран
螢幕
сичқонча
滑鼠
иш столи
辦公桌
папка
資料夾
клавиатура
鍵盤
урна
廢紙簍
компьютер
電腦
стул
椅子

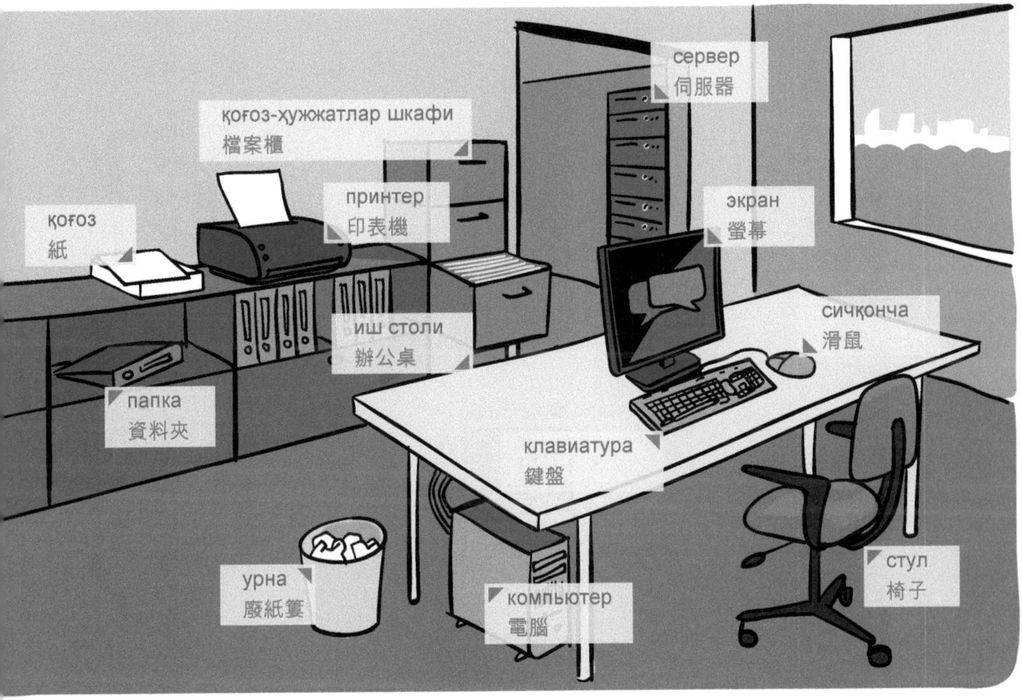

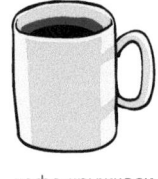

кофе кружкаси

咖啡杯

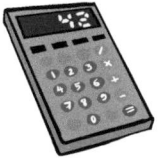

калькулятор

計算機

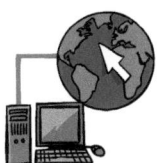

интернет

網際網路

ноутбук
筆記型電腦

хат
信件

мактуб
簡訊

уяли телефон
行動電話

тармоқ
網路

нусха кўчиргич
影印機

дастур
軟體

телефон
電話

розетка
插座

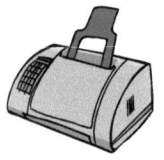

факс
傳真機

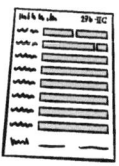

шакллар
表格

хужжат
檔案

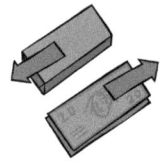

харид қилмоқ

買

тўламоқ

付錢

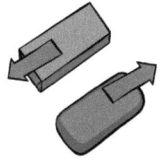

савдолашмоқ

交易

пул

現金

доллар

美元

евро

歐元

йен

日元

рубль

盧布

швейцар франки

瑞士法郎

Кэньминьби хитой юани

人民幣

рупи

盧比

банкомат

提款處

пул айирбошлаш
шаҳобчаси
外幣兌換處

олтин

金

кумуш

銀

нефт

石油

энергия

能源

нарх

價格

шартнома

合約

солиқ

稅金

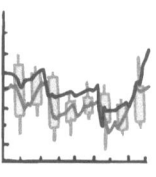

акция

股票

ишламоқ

工作

ишчи

職員

иш берувчи

老闆

завод

工廠

дўкон

商店

полициячи
警官

ўт ўчирувчи
消防員

ошпаз
廚師

шифокор
醫師

учувчи
飛行員

боғбон

園丁

дурадгор

木匠

тикувчи

裁縫

ҳакам

法官

кимёгар

化學家

актёр

演員

автобус ҳайдовчиси

公車司機

такси ҳайдовчи

計程車司機

балиқчи

漁夫

фаррош

清洗女工

том устаси

屋頂工

официант

服務生

овчи

獵人

бўёқчи

畫家

нонвой

麵包師

электр устаси

電工

қурувчи

建築工人

муҳандис

工程師

қассоб

屠夫

сувчи чилангар

水管工

почтачи

郵差

аскар

士兵

меъмор

建築師

ғазначи

收銀員

гулчи

花農

сартарош

理髮師

чиптачи

售票員

механик

機械技師

капитан

船長

тиш шифокори

牙醫

олим

科學家

яхудийлар руҳонийси

拉比

имом

伊瑪目

роҳиб

和尚

руҳоний

牧師

асбоблар
工具

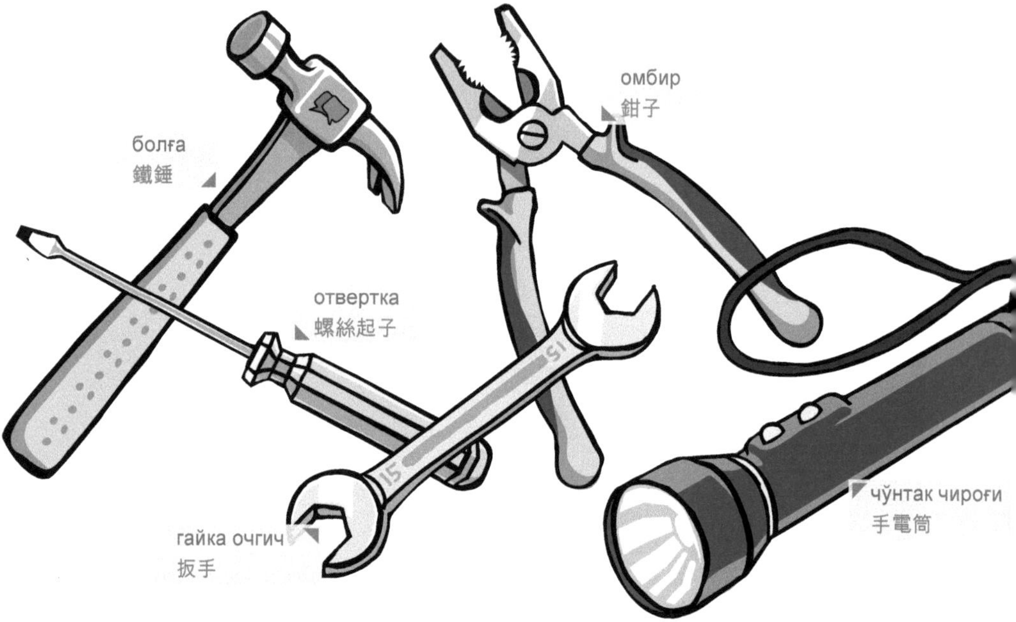

болға
鐵錘 ▸

омбир
鉗子 ▸

отвертка
▸ 螺絲起子

чўнтак чироғи ◂
手電筒

гайка очгич ◂
扳手

экскаватор

挖掘機

асбоблар қутиси

工具箱

нарвон

梯子

кўларра

鋸子

мих

釘子

пармадаста

鑽機

тузатмоқ

修

белкурак

鏟子

Жин урсин!

糟糕！

хокандоз

畚箕

бўёқ идиш

油漆桶

бурама мих

螺絲

мусиқа асбоблари
樂器

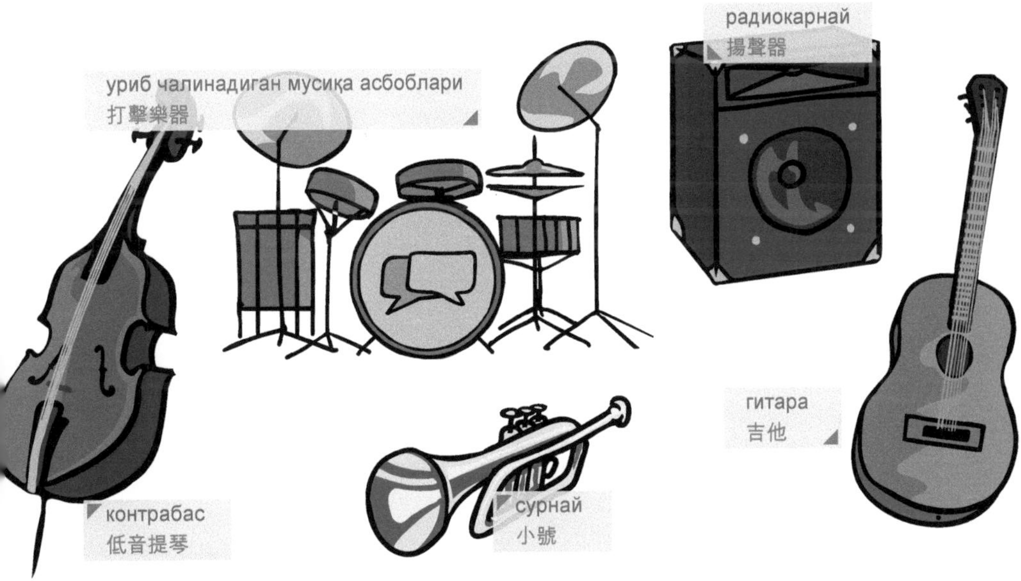

радиокарнай
揚聲器

уриб чалинадиган мусиқа асбоблари
打擊樂器

гитара
吉他

контрабас
低音提琴

сурнай
小號

пианино

鋼琴

ғижжак

小提琴

бас-гитара

貝斯

қўшноғора

定音鼓

дўмбира

鼓

клавиатура

電子琴

саксофон

薩克斯風

най

長笛

микрофон

麥克風

ҳайвонот боғи
動物園

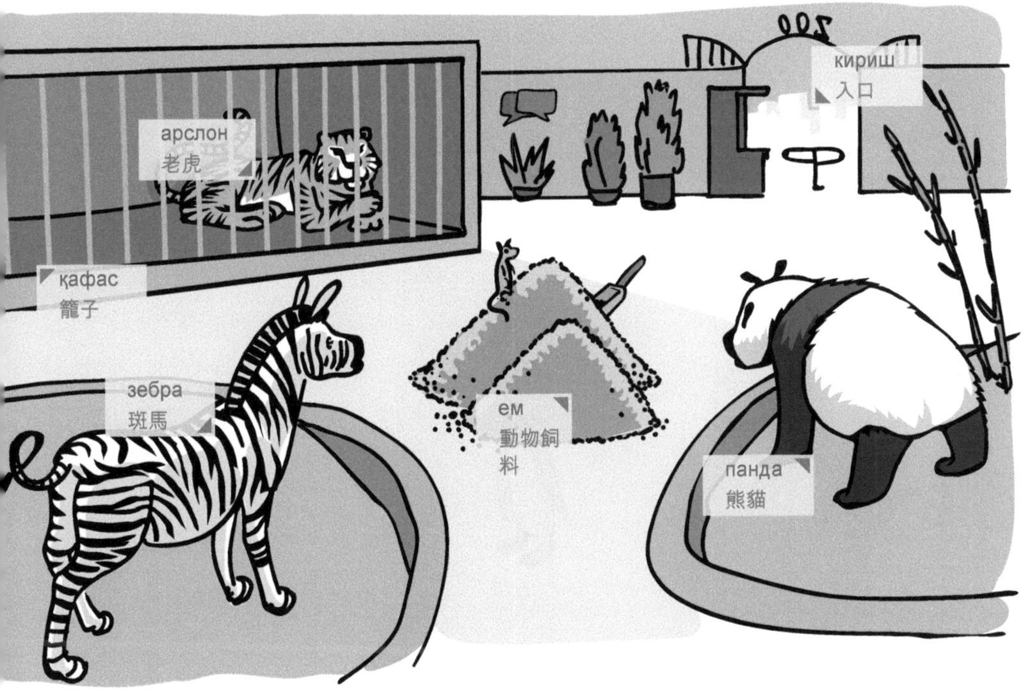

арслон
老虎
қафас
籠子
зебра
斑馬
ем
動物飼料
панда
熊貓
кириш
入口

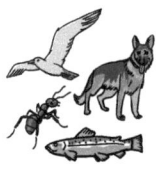

ҳайвонлар

動物

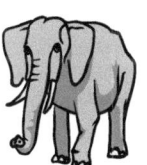

фил

大象

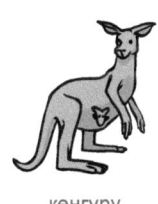

кенгуру

袋鼠

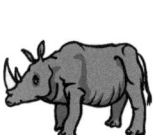

каркидон

犀牛

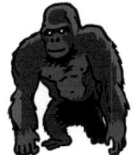

горилла

大猩猩

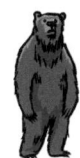

айиқ

熊

туя

駱駝

туяқуш

鴕鳥

шер

獅子

маймун

猴子

фламинго

紅鶴

тӯти

鸚鵡

оқ айиқ

北極熊

пингвин

企鵝

акула

鯊魚

товус

孔雀

илон

蛇

тимсоҳ

鱷魚

ҳайвонот боғи қоровули

動物園管理員

тюлень

海豹

ягуар

美洲豹

тўпичоқ от

矮種馬

қоплон

豹

бегемот

河馬

жирафа

長頸鹿

бургут

老鷹

эркак чўчқа

野豬

балиқ

魚

тошбақа

龜

морж

海象

тулки

狐狸

оҳу

羚羊

ҳайвонот боғи - 動物園

америка футболи
橄欖球

велосипед ҳайдаш
騎腳踏車

теннис
網球

баскетбол
籃球

сузиш
游泳

бокс
拳擊

муз хоккейи
冰球

футбол
美式足球

бадминтон
羽毛球

енгил атлетика
田徑

қўлтўпи
手球

чанғи учиш
滑雪

поло
馬球

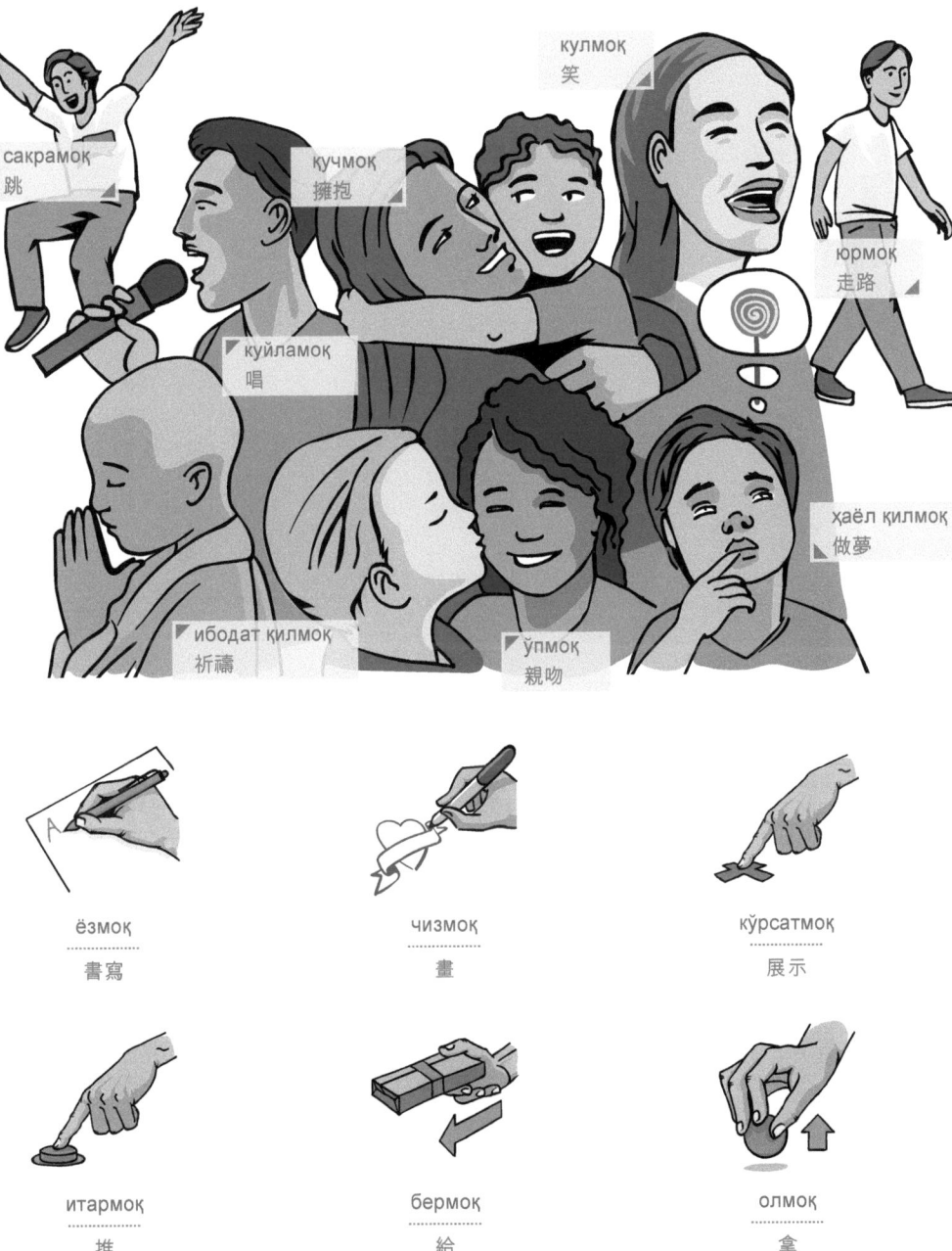

сакрамоқ
跳

кучмоқ
擁抱

кулмоқ
笑

юрмоқ
走路

куйламоқ
唱

ибодат қилмоқ
祈禱

ўпмоқ
親吻

ҳаёл қилмоқ
做夢

ёзмоқ
書寫

чизмоқ
畫

кўрсатмоқ
展示

итармоқ
推

бермоқ
給

олмоқ
拿

эга бўлмоқ

有

бажармоқ

做

бўлмоқ

當

турмоқ

站

югурмоқ

跑

тортмоқ

拉

улоқтирмоқ

丟

йиқилмоқ

摔倒

алдамоқ

躺

кутмоқ

等待

ташимоқ

攜帶

ўтирмоқ

坐

кийинмоқ

穿衣

ухламоқ

睡覺

уйғонмоқ

醒來

қарамоқ

看

йиғламоқ

哭

зарба бермоқ

擊

тарамоқ

梳頭

гаплашмоқ

交談

тушунмоқ

明白

сўрамоқ

問

тингламоқ

聽

ичмоқ

喝

емоқ

吃

йиғиштирмоқ

清理

севмоқ

愛

пиширмоқ

做飯

ҳайдамоқ

開車

учмоқ

飛

кемада сузмоқ

航行

ҳисобламоқ

計算

ўқимоқ

讀

ўрганмоқ

學習

ишламоқ

工作

турмуш қурмоқ

結婚

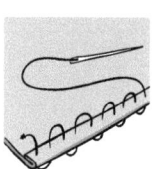

тикмоқ

縫

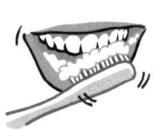

тиш ювмоқ

刷牙

ўлдирмоқ

殺

чекмоқ

抽菸

йўлламоқ

寄

оила
家

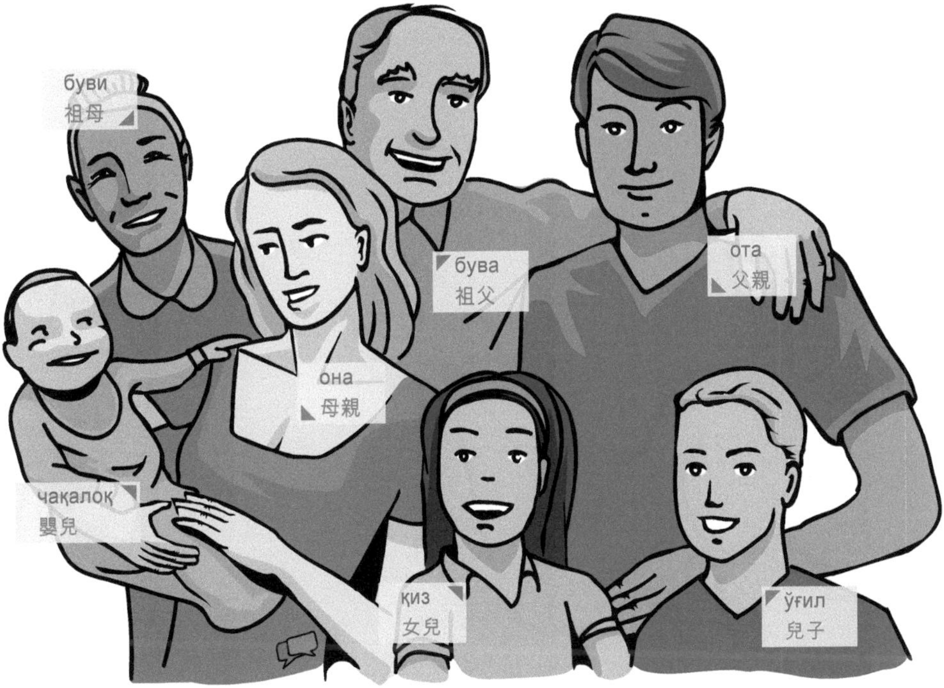
буви
祖母
бува
祖父
ота
父親
она
母親
чақалоқ
嬰兒
қиз
女兒
ўғил
兒子

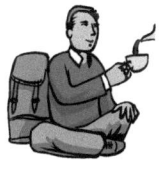

меҳмон

客人

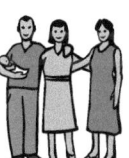

амма

阿姨

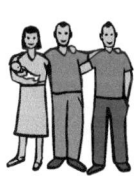

тоға

叔叔

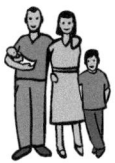

ака

兄弟

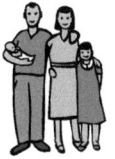

опа

姐妹

тана

身體

пешона
前額
кўз
眼睛
елка
肩膀
бармоқ
手指
юз
臉
ияк
下巴
қўл панжалари
手
кўкрак
乳房
оёқ
腿
қўл
手臂

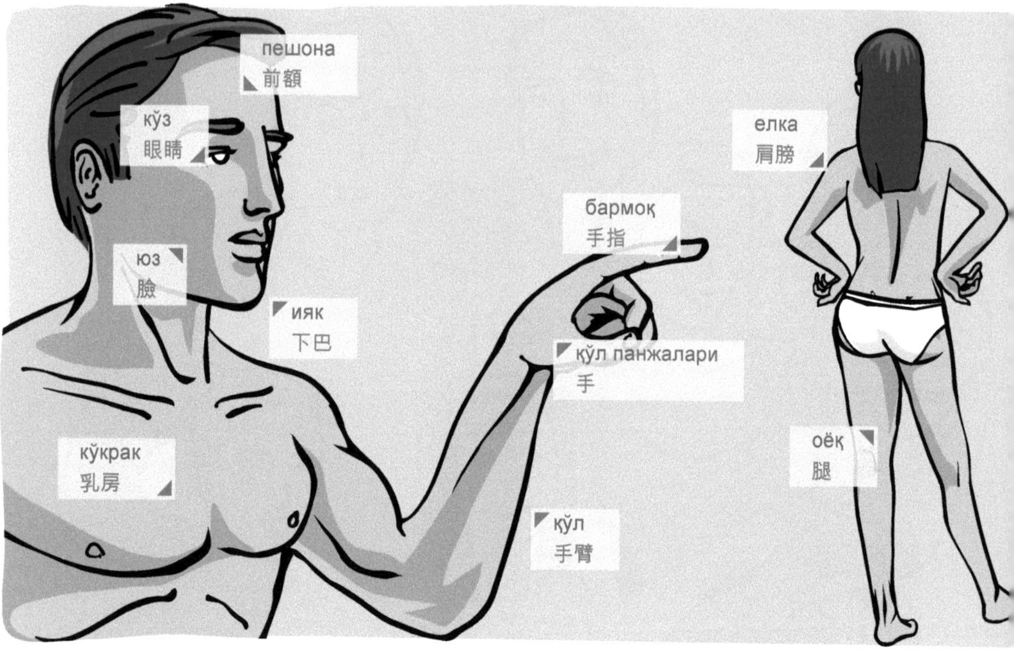

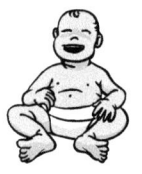

чақалоқ

嬰兒

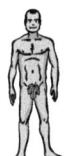

одам

男人

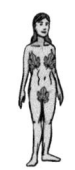

аёл

女人

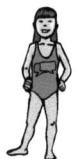

қиз бола

女孩

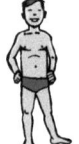

ўғил бола

男孩

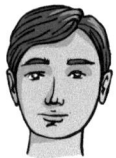

бош

頭

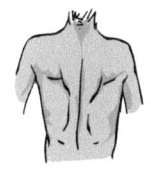

орқа

背部

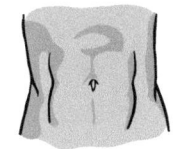

қорин

肚子

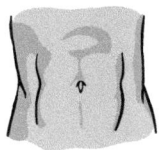

киндик

肚臍

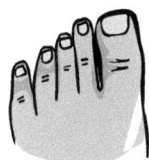

оёқ панжаси

腳趾

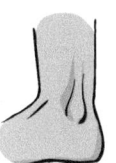

товон

腳後跟

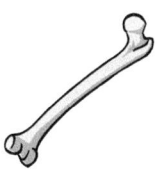

суяк

骨頭

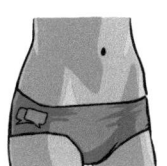

бел

臀部

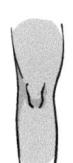

тизза

膝蓋

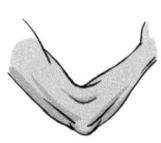

тирсак

手肘

бурун

鼻子

думба

屁股

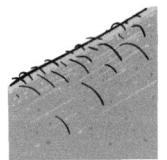

тери

皮膚

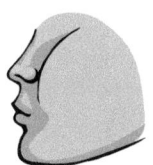

яноқ

臉頰

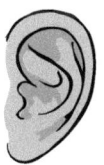

қулоқ

耳朵

лаб

嘴唇

тана - 身體

оғиз

嘴

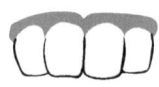

тиш

牙齒

тил

舌頭

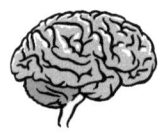

мия

腦

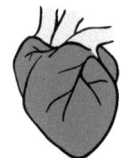

юрак

心臟

мушак

肌肉

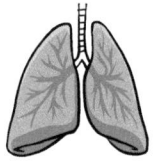

ўпка

肺

жигар

肝臟

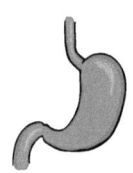

ошқозон

胃

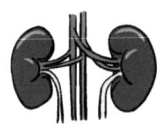

буйрак

腎臟

жинсий алоқа

性交

презерватив

保險套

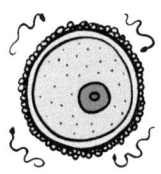

тухум хўжайра

卵子

уруғ

精子

ҳомиладорлик

懷孕

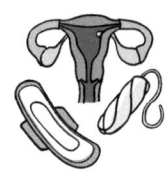

ҳайз

月事

бачадон

陰道

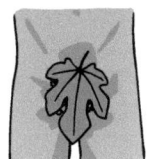

олат

陰莖

қош

眉毛

соч

頭髮

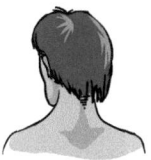

бўйин

脖子

тана - 身體

71

шифохона
醫院

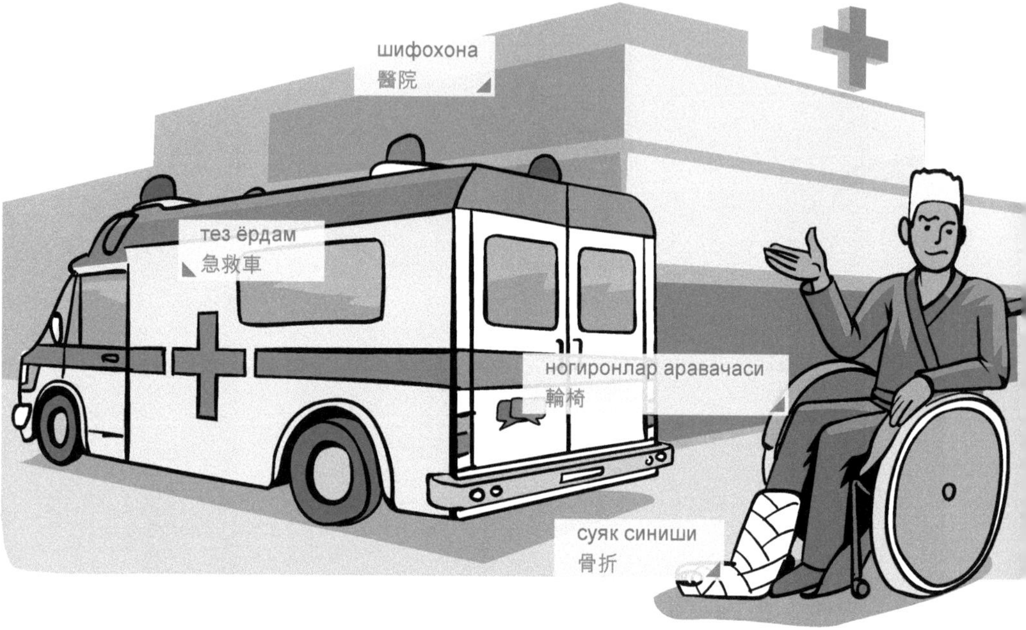

шифохона
醫院
тез ёрдам
急救車
ногиронлар аравачаси
輪椅
суяк синиши
骨折

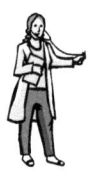

шифокор
醫師

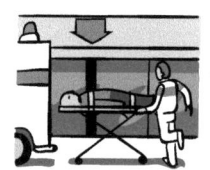

Шошилинч тиббий ёрдам кўрсатиш бўлими
急診室

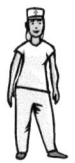

ҳамшира
護理師

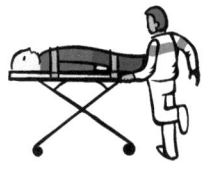

тез ёрдам
緊急情形

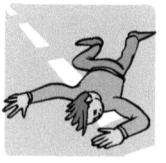

ҳушсизлик
昏迷

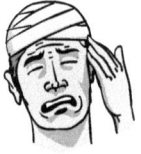

оғриқ
痛

жароҳат

受傷

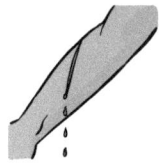

қонаш

出血

юрак хуружи

心臟病發作

инсульт

中風

аллергия

過敏

йўтал

咳嗽

иситма

發燒

тумов

流感

ич кетиш

腹瀉

бош оғриғи

頭痛

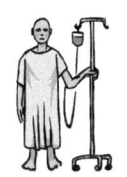

саратон касали

癌症

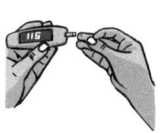

қандли диабет

糖尿病

жарроҳ

外科醫師

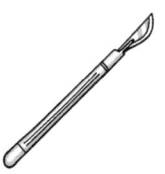

жарроҳ пичоғи

手術刀

жарроҳлик амалиёти

手術

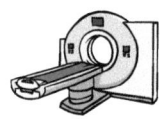

томография

電腦斷層掃描

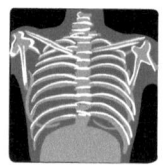

рентген

X光

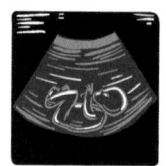

ултратовуш текшируви

超音波

юз ниқоби

口罩

касаллик

疾病

қабулхона

候診室

кўлтиқтаёқ

拐杖

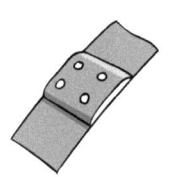

малҳамли пластир

石膏

бинт

繃帶

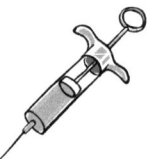

укол

注射

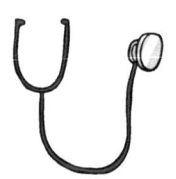

юрак урушини ва ўпкани
эшитиб кўрадиган асбоб

聽診器

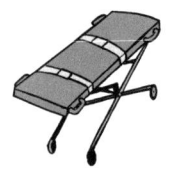

беморлар учун замбил

擔架

термометр

體溫計

туғруқ

出生

семизлик

超重

эшитиш мосламаси

助聽器

дезинфекцияловчи восита

消毒液

инфекция

感染

вирус

病毒

ОИВ / ОИТС

愛滋病

дори

藥物

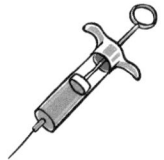

эмлаш

接種疫苗

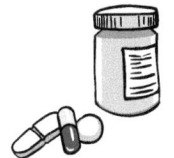

таблетка

藥片

дори

藥丸

тез ёрдам қўнғироғи

急救電話

қон босимини ўлчаш асбоби

血壓計

касал / соғлом

生病/健康

шифохона - 醫院

Ёрдам беринглар!

救命！

хавф-хатар ишораси

警報

тажовуз

突擊

хужум

攻擊

хавф

危險

фавкулодда ҳолатларда чиқиш эшиги

緊急出口

Ёнғин!

失火了！

ўт ўчиргич

滅火器

фалокат

意外

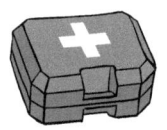

биринчи тиббий ёрдам тўплами

急救箱

фалокат сигнали

呼救訊號

полиция

員警

Европа

歐洲

Шимолий Америка

北美洲

Жанубий Америка

南美洲

Африка

非洲

Осиё

亞洲

Австралия

澳洲

Атлантик океани

大西洋

Тинч океани

太平洋

Ҳинд океани

印度洋

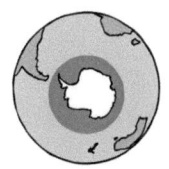

Антарктида океани

南冰洋

Арктика океани

北冰洋

Шимолий қутб

北極

Жанубий қутб

南極

Антарктика

南極洲

Ер

地球

ўлка

陸地

денгиз

海

орол

島

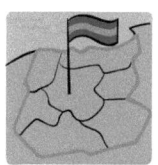

миллат

國家

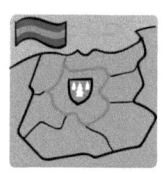

давлат

州

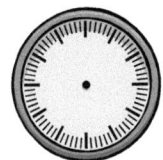

астрономик вақт
кўрсатгичи

錶盤

соат мили

時針

дақиқа мили

分針

сония мили

秒針

Соат неча?

現在幾點？

кун

天

вақт

時間

ҳозир

現在

рақамли соат

電子錶

дақиқа

分

соат

時

Душанба / 週一

Чоршанба / 週三

Жума / 週五

TU

Сешанба / 週二

TH

Шанба / 週六

SA

Пайшанба / 週四

SO

Якшанба / 週日

кеча
昨天

бугун
今天

эртага
明天

эрталаб
早晨

пешин
中午

кечкурун
晚上

иш кунлари
工作日

дам олиш кунлари
週末

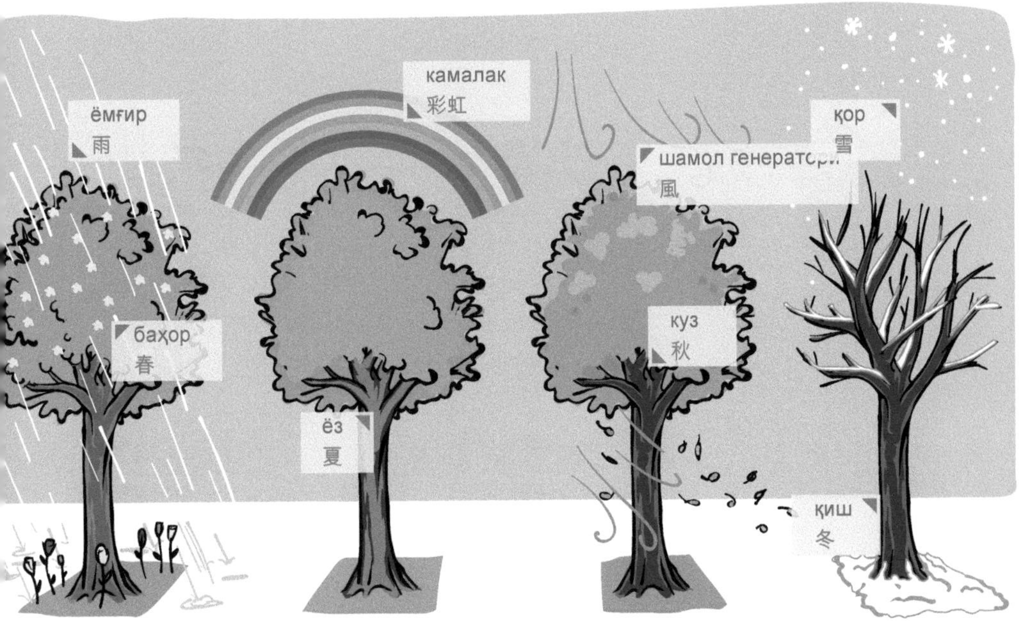

ёмғир
雨

камалак
彩虹

қор
雪

шамол генератори
風

бахор
春

куз
秋

ёз
夏

қиш
冬

об-ҳаво маълумоти

天氣預告

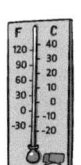

термометр

溫度計

қуёшли

陽光

булут

雲

туман

霧

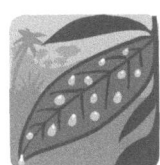

намгарчилик

潮濕

чақмоқ

閃電

момоқалдироқ

打雷

бўрон

風暴

дўл

冰雹

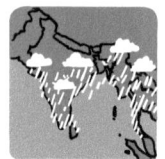

намгарчилик мавсуми

季風

тошқин

洪水

муз

冰

Январь

一月

Февраль

二月

Март

三月

Апрель

四月

Май

五月

Июнь

六月

Июль

七月

Август

八月

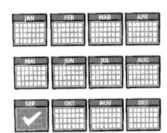

Сентябрь
....
九月

Октябрь
....
十月

Ноябрь
....
十一月

Декабрь
....
十二月

шакллар
形狀

айлана
....
圓形

квадрат
....
正方形

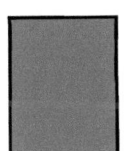

тўртбурчак
....
長方形

учбурчак
....
三角形

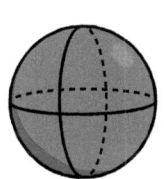

доира
....
球體

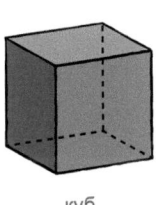

куб
....
立方體

оқ

白

сариқ

黄

сабзи ранг

橙

пушти

粉

қизил

紅

тўқ қизил

紫

кўк

藍

яшил

綠

жигар ранг

棕

кул ранг

灰

қора

黑

кўп / оз

很多/少許

ғазабли / хотиржам

生氣/平靜

гўзал / хунук

美/醜

боши / охири

首/尾

катта / кичик

大/小

ёруғ / қоронғу

明/暗

ака / сингил

兄弟/姐妹

тоза / ифлос

乾淨/骯髒

тўлиқ / чала

完整/缺失

кун / тун

白天/晚上

ўлик / тирик

死/生

кенг / тор

寬/窄

еса бўладиган / еса
бўлмайдиган
....
可食用/非食用

ёвуз / хайрли
....
邪惡/善良

ҳаяжонли / зерикарли
....
興奮/無聊

семиз / озғин
....
胖/瘦

биринчи / охирги
....
第一/最後

дўст / душман
....
朋友/敵人

тўла / бўш
....
滿/空

қаттиқ / юмшоқ
....
硬/軟

оғир / енгил
....
重/輕

очлик / чанқов
....
餓/渴

касал / соғлом
....
生病/健康

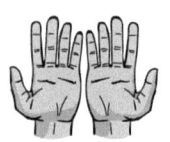

ноқонуний / қонуний
....
非法/合法

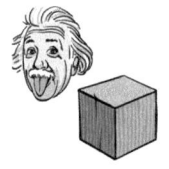

зиёли / калтафаҳм
....
聰明/愚笨

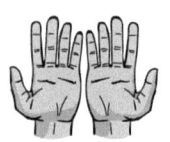

чап / ўнг
....
左/右

яқин / узоқ
....
近/遠

янги / ишлатилган

新/舊

ҳеч нарса / бир нарса

沒有/有些

қари / ёш

老/幼

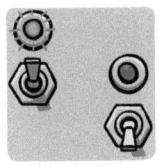

ёниқ / ўчиқ

開/關

очиқ / ёпиқ

打開/闔上

паст / баланд

安靜/吵鬧

бой / камбағал

富/窮

тўғри / нотўғри

對/錯

нотекис / текис

粗糙/光滑

хафа / хурсанд

傷心/高興

қисқа / узун

短/長

секин / тез

慢/快

нам / қуруқ

濕/乾

илиқ / салқин

溫暖/涼爽

уруш / тинчлик

戰爭/和平

0

ноль

零

1

бир

一

2

икки

二

3

уч

三

4

тўрт

四

5

беш

五

6

олти

六

7

етти

七

8

саккиз

八

9

тўққиз

九

10

ўн

十

11

ўн бир

十一

12

ўн икки

十二

13

ўн уч

十三

14

ўн тўрт

十四

15

ўн беш

十五

16

ўн олти

十六

17

ўн етти

十七

18

ўн саккиз

十八

19

ўн тўққиз

十九

20

йигирма

二十

100

юз

百

1.000

минг

千

1.000.000

миллион

百萬

Инглиз

英語

Америкача инглиз тили

美式英語

Хитой тилининг Мандарин лаҳчаси

普通話

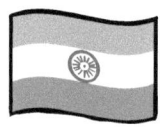

Ҳинд

印地語

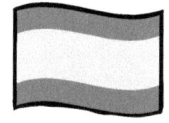

Испан

西班牙語

Француз

法語

Араб

阿拉伯語

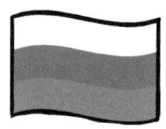

Рус

俄語

Португал

葡萄牙語

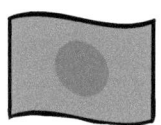

Бенгал

孟加拉語

Немис

德語

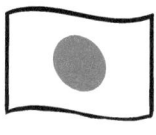

Япон

日語

Мен

我

Сен

你

у / у / у

他/她/它

биз

我們

сизлар

你們

улар

他們

ким?

誰？

нима?

什麼？

қандай?

如何？

қаерда?

何處？

қачон?

何時？

исм

名字

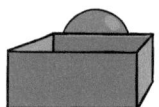

орқада

後面

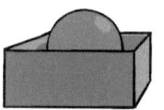

ичида

裡面

олдида

前面

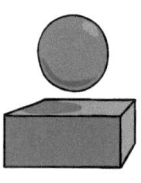

узра

上方

устида

上面

тагида

下麵

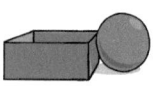

ёнида

旁邊

ўртасида

中間

жой

地點